AF562309

COUR DES PAIRS.

ALLOCUTION

DE M. DUPOTY,

RÉDACTEUR EN CHEF DU JOURNAL DU PEUPLE.

Messieurs les pairs,

Je dirai seulement quelques mots que me dicte le devoir. Ma cause a été si habilement, si dignement soutenue par Mᵉ Ledru-Rollin, que mon intérêt n'exige rien de plus.

Mon premier besoin est d'exprimer envers mon défenseur un sentiment de reconnaissance qui n'est égalé que par ma haute estime pour lui.

Engagé depuis dix ans dans les luttes de la presse, j'en ai accepté tous les périls. En présence même de la législation de septembre, je suis resté le gérant responsable du journal que je rédigeais.

Ce n'est point assurément que j'ignorasse les dangers divers de cette position, mais qui aurait pu imaginer ce que nous voyons!

Messieurs, j'ai suivi l'accusation patiemment, et peut-être n'était-ce point facile. Tout ce qu'elle a osé, au mépris des plus simples notions de la justice et de la raison, je l'ai supporté avec ce calme que je tiens de ma conscience, avec ce calme que j'ai puisé aisément dans le déplorable spectacle des passions qui s'acharnent à ma perte. Mais avant que tout ceci finisse, je dois aux sympathies du public, à son attente; je dois à la religion du droit commun, à l'honneur de la civilisation, à mon devoir comme citoyen français, de protester avec énergie contre le fatal esprit, contre la pensée vraiment monstrueuse qui ont dominé cette accusation. Oui, je proteste hautement à la face du pays contre tout ce que mes accusateurs ont fait et dit à mon sujet. Je proteste au nom de tout ce que la France entend avoir conquis et sanctionné, depuis qu'elle a voulu substituer l'ordre et le droit aux tyrannies confuses du passé. Depuis le commencement de ce siècle, il ne s'est rien vu de semblable à ce qui m'arrive. Je n'oserai dire qu'il ne se verra plus rien de semblable, car de pareils exemples peuvent enfiévrer le despotisme. Je souhaite que l'avenir les oublie.

Messieurs, ma position est manifeste et je le proclame. On a dit d'abord que j'étais le complice d'un assassinat; cela n'est pas vrai.

On a dit que j'étais le complice, le pivot d'une conspiration; cela n'est pas vrai.

On a dit encore, et ce n'est point la plus singulière des considérations étrangères au procès qui s'y seront mêlées, on a dit que ma cause serait compromise par les violences de la défense; vous l'avez entendue, vous m'avez écouté.

De tout ceci que reste-t-il donc? ce n'est pas moi qui le dis, c'est tout le monde; il reste un écrivain, il reste le rédacteur d'un journal qui n'a jamais été atteint par la loi, un citoyen qui, dans ses actes comme dans ses écrits, a toujours marché sous l'égide de cette loi.

Voici donc qui est bien entendu, on veut frapper la presse dans ma personne. On veut lui inspirer la terreur en attendant plus. Que les organes de la presse qui m'entendent se disent bien qu'ils ne se sont pas trompés en comprenant que la mission, la liberté, la propriété de tous les écrivains sont en cause. Oui, si l'iniquité s'accomplissait, il ne faudrait plus qu'un hasard, qu'une perfidie, pour qu'ils pussent, de cette tribune où ils sont, descendre sur ce banc où je siége. La presse, on *veut la perdre*.

Pour moi, qui l'ai servie de mon mieux, la presse, pour servir le progrès et le pays, je remercie ses organes indépendans de toutes les opinions d'avoir embrassé ma cause. Je sais que la presse ne se laissera pas gagner par l'intimidation, car si un écrivain pouvait se trouver plus faible que ses ennemis, la presse entière est plus forte que tous les siens.

J'ignore, messieurs, si vous consentirez, sous un prétexte juridique, à vous associer à un coup d'état contre la presse. Je ne veux pas le croire; ce serait une énorme injustice, ce serait aussi une énorme faute. Aux dépens de qui? le temps nous le montrerait. Quant à moi, messieurs, j'attends votre décision, quelle qu'elle soit, comme un honnête homme attend toute chose. Je ne triompherai point, je ne serai point abattu.

Voilà tout ce que j'avais à dire.

Mais je ne veux pas me rasseoir avant d'exprimer, pour l'opinion publique, qui me défend aussi, la respectueuse gratitude d'un citoyen opprimé.

RÉPLIQUE

DE Me LEDRU-ROLLIN

POUR M. DUPOTY,

RÉDACTEUR EN CHEF DU JOURNAL DU PEUPLE.

Messieurs les pairs,

Si je ne sentais combien il y a de danger à soutenir devant une assemblée politique les principes de la charte et de la constitution, les approbations éclatantes qui viennent d'être données à la fin du réquisitoire de M. le procureur-général me le rappelleraient péniblement; mais je dois le dire en débutant, j'ai pour moi la vérité, la raison; et si vous voulez bien me prêter cette bienveillante attention dont vous m'avez déjà honoré, j'espère bientôt vous le démontrer; c'est donc non au corps politique, mais à la cour de justice que je m'adresse.

M. le procureur-général vous a dit qu'il répondait surtout à Dupoty, parce que des principes, contraires à la constitution, avaient été jetés dans cette enceinte, parce qu'il voulait empêcher que des hérésies de droit ne pussent se propager.

Voyons s'il est vrai, messieurs, comme l'a prétendu le ministère public, que j'aie été complètement dans l'erreur; que j'aie la vérité, le bon sens, la raison contre moi; que j'aie contre moi la constitution et la loi.

Que vous ai-je dit? Je vous ai demandé en vertu de quel article de la loi vous poursuiviez Dupoty? Et vous m'avez répondu aux termes du droit commun et de l'article 60 du Code pénal; vous vous êtes empressé de dire, contrairement à ce que nous pensions, à ce que tout le monde pensait avec nous, vous vous êtes empressé de dire, je ne vous poursuis pas pour un délit de presse; mais je vous poursuis pour une complicité directe dans un complot, pour le fait de provocation directe dans un complot.

Puis cependant vous avez laissé là l'art. 60 ; vous vous êtes rejeté dans la loi de 1819, et vous avez toujours répété que vous ne faisiez pas un procès de presse ; eh ! bien, moi, je vais distinguer, messieurs, distinguer d'une manière précise, et vous démontrer que vous n'avez pas fait autre chose qu'un procès de presse et que dans les articles que vous avez cités, dans les articles que vous avez fait passer avec tant de satisfaction sous les yeux de la cour, vous n'en avez oublié qu'un seul, celui qui nous justifiait complètement, celui qui nous donnait raison contre vous, celui qui jugeait la question pour moi contre vous... (Mouvement.)

Voyons d'abord ce que dit l'art. 60 que vous avez indiqué.

L'article 60 dit ceci :

« Seront punis comme complices d'une action qualifiée crime ou délit, ceux qui, par dons, promesses, menaces, abus d'autorité ou de pouvoir, machinations ou artifices coupables, auront provoqué cette action, ou donné des instructions pour la commettre. »

Eh bien, examinons, est-ce par des dons, par des promesses, par des machinations coupables, comme vous l'avez prétendu, que je dois être réputé complice du complot ? N'avez-vous pas parlé constamment du *Journal du Peuple* ; ne nous avez-vous pas constamment entretenus des provocations du *Journal du Peuple* ? n'êtes-vous pas remonté jusqu'à l'origine de ce journal, jusqu'en 1834 ; n'avez-vous pas suivi depuis ce moment jusqu'à ce jour l'esprit de ce journal que vous attribuez à Dupoty, que vous personnifiez dans cet accusé ; et après cela n'êtes-vous pas venu dire à la cour, les numéros de ce journal en main, vous le voyez, il y a eu provocation. Eh bien, je soutiens d'abord qu'en agissant ainsi vous ne faites pas autre chose qu'un procès de presse.

Vous avez recherché la pensée du journaliste ; vous l'avez poursuivie partout où elle s'est manifestée ; et vous l'amenez aujourd'hui, lui, le journaliste, le penseur, vous l'amenez sur ces bancs, et vous lui dites : vous êtes complice de tous ces hommes qui sont coupables d'un complot. Eh bien ! non, encore une fois, cela n'est pas ; le bon sens et la simple logique condamnent un pareil langage ; il n'est pas nécessaire d'être jurisconsulte pour prouver qu'une pareille accusation tombe d'elle-même, qu'elle n'a aucune valeur, aucune réalité. Mais voyons maintenant si le jurisconsulte, la loi à la main, ne peut pas établir que vous êtes dans le faux ; que là où vous prétendez qu'il existe un complot, il n'y a réellement qu'un procès de presse, et pas autre chose, je ne saurais trop le répéter.

L'article 102 du Code pénal disposait :

« Art. 102. Seront punis comme coupables des crimes et complots mentionnés dans la présente section, tous ceux qui, soit par discours tenus dans des lieux ou réunions publics, soit par placards affichés, *soit par des écrits imprimés*, auront excité directement les citoyens ou habitans à les commettre. Néanmoins, dans le cas où lesdites provocations n'auront été suivies d'aucun effet, leurs auteurs seront simplement punis du bannissement.

Maintenant ! M. le procureur général, je vous fais cette question: Quand l'article 102 du Code pénal existait encore et qu'on avait produit un fait par la voie de la presse, était-ce en vertu de l'article 60 qu'on était poursuivi ? Non, M. le procureur général, non ! C'était en vertu de l'article 102 ; cet article était le seul qui fût applicable à tout ce qui émanait de la presse, à tout ce qui avait été une manifestation par la voie de la presse.

Il y a deux autres articles qui concernaient aussi les délits de presse ; deux autres articles qui avaient pour but la répression des délits de la presse ; ce sont les articles 217 et 367.

L'article 217 disait :

« Art. 217. Sera puni comme coupable de la rébellion quiconque y aura provoqué, soit par des discours tenus dans des lieux ou réunions publics, soit par placards affichés, soit par *des écrits imprimés*. — Dans le cas ou la rébellion n'aurait pas eu lieu, le provocateur sera puni d'un emprisonnement de six jours au moins et d'un an au plus. »

L'article 367 était ainsi conçu :

» Art. 367. Sera coupable du délit de calomnie celui qui, soit dans les lieux ou réunions publics, soit dans un acte authentique et public, soit dans un *écrit imprimé ou non qui aura été affiché*, vendu ou distribué, etc. »

De l'art. 60, nous n'avons plus pour le moment à nous en occuper ; quand il s'agit d'une provocation faite par un journal, c'est à l'article 102 qu'il faut recourir ; c'est cet article qui seul est applicable aux manifestations faites par la voie de la presse.

Mais, M. le procureur-général me répond : l'article 102 a été abrogé par la loi de 1819 ; cette loi a en effet déclaré que cet article devait être rejeté ; que l'émission de la pensée humaine devait être assujétie à d'autres règles que celles du code pénal, et voici le texte de cette loi sur la répression des crimes et délits commis par la voie de la presse.....

Art. 1er. — « Quiconque, soit par des discours, des cris ou des menaces proférés dans des lieux où réunions publics, soit par des *écrits*, des *imprimés*, des dessins, des gravures, des peintures ou emblêmes, vendus et distribués, pris en vente ou exposés dans des lieux ou réunions publics, soit par des placards et affiches exposés aux regards du public, aura provoqué l'auteur ou les auteurs de toute action qualifiée crime ou délit, à la commettre, sera réputé complice et puni comme tel. »

Il faut donc que votre esprit logique arrive à cette conséquence que tout ce qui ne sera pas le fait de la presse, que tout ce qui n'émanera pas directement de la presse, devra être en effet soumis aux règles de la législation pénale, à l'art. 60, et que tout ce qui, au contraire, sera le produit de la presse, sera le fait de la presse, ne pourra être, aux termes de la loi de 1819, ne pourra être punie que par une loi spéciale, que par une loi écrite pour la presse, faite uniquement pour elle.

Que disions-nous dans la loi de 1830, lorsque retentissaient encore les cris du combat, les cris au bruit desquels la révolution de juillet a été faite, les cris de vive la charte ! vive la liberté de la presse ! Que disions-nous à cette époque ?

On disait ceci, messieurs :

Loi du 8 octobre 1830. — « Art. 1er. La connaissance de (tous) les délits commis, soit par la voie de la presse, soit par tous les autres moyens de publication énoncés en l'article 1er de la loi du 17 mai 1819, est attribuée aux cours d'assises. »

Voilà donc la conquête de la révolution de juillet : tout ce qui est délit de presse, jugé par la loi de 1819, appartient désormais à la juridiction du jury. Eh ! bien, que vous ai-je dit, M. le procureur-général ? Je vous ai dit que vous n'aviez pas le droit de porter contre moi une accusation de presse devant la cour des pairs.

Vous m'avez répondu ; mais il y a la loi de 1835 qui dit que la cour des pairs peut parfois s'attribuer, par voie d'attentat, les questions de presse ; cela est exact, nous le reconnaissons, M. le procureur général, mais vous n'avez pas fait la preuve, remarquez-le bien, il fallait prouver que la commission avait agi en vertu de la loi de 1835 ; il fallait qu'elle eût déclaré dans son arrêt de renvoi qu'elle ferait punir Dupoty par la loi de 1819. Voilà ce que la commission n'a pas fait ; elle n'a pas procédé par voie d'attentat ; elle n'a pas motivé son arrêt sur ce que la presse avait attenté à la sûreté de l'état. Elle s'est simplement déclarée compétente pour juger en vertu de l'art 60, ce sont ses termes, c'est-à-dire un fait matériel, un attentat de droit commun et non un attentat par la voie de la presse.

Messieurs, voici la question constitutionnelle : quand en 1830, la nation a ressaisi ses droits, on a voulu à l'instant même que le jury pût seul juger tous les délits de la presse ; et plus tard, par la loi de 1835, on a voulu que vous puissiez aussi connaître de ces mêmes délits lorsqu'ils seraient qualifiés d'attentat à la sûreté de l'état. Voici ce qu'on a dit : La cour des pairs agit dans un intérêt d'état ; la cour des pairs agit dans un intérêt exceptionnel. Et comme la cour des pairs en dérogeant au principe constitutionnel qui attribue les délits de presse au jury, doit exprimer les motifs

qui la portent à cette dérogation, elle devra, dans son arrêt d'attribution, elle devra déclarer qu'elle agit aux termes de la loi de 1835, qui dit ceci :

« Art. 1er Toute provocation, par l'un des moyens énoncés en l'art. 1er de la loi du 17 mai 1819, aux crimes prévus par les articles 86 et 87 du Code pénal, soit qu'elle ait été ou non suivie d'effet, est un attentat à la sûreté de l'état.

» Si elle a été suivie d'effet, elle sera punie conformément à l'article 1er de la loi du 17 mai 1819.

» Dans l'un comme dans l'autre cas, *elle pourra* être déférée à la chambre des pairs, conformément à l'article 28 de la charte.

Eh bien! messieurs, voilà la question, la voilà tout entière. Je vous déclare que vous avez beau dire, M. le procureur général, vous êtes battu sur ce terrain. La loi est là ; elle dit : « les délits de presse appartiennent au jury. » Quand la cour des pairs se les attribue, elle doit le déclarer dans son arrêt. Elle ne l'a pas fait ici, donc le délit dont il s'agit ne peut lui appartenir; rien ne peut prévaloir contre cette argumentation. Quel que soit votre talent, vous ne parviendrez pas à la réfuter, parce que les textes sont là qui vous condamnent et qui nous donnent raison contre vous; la loi générale de la presse est entre les mains du jury. La presse en général est justiciable du jury : la cour des pairs est le juge exceptionnel de la presse. Voilà la loi, voilà la constitution ! (Mouvement.)

Ce sont là deux principes contre lesquels vous ne pouvez vous élever ; ils sont écrits dans la constitution ; et votre intention, je pense, n'est pas de les effacer, de les faire disparaître. Le juge général, c'est le jury ; le juge exceptionnel, c'est la cour des pairs ; mais pour que la cour puisse remplir des fonctions de juge exceptionnel, il faut qu'il soit déclaré qu'elle se saisit du délit dans un intérêt exceptionnel, dans l'intérêt de l'état, et que la gravité du délit de presse en est arrivée à ce point d'être devenue un attentat. Je le répète, l'argument reste aux débats, et il y restera invariablement comme étant lié aux principes de la constitution. A cela vous n'avez rien à dire, rien à répondre; vous êtes impuissant, parce que le droit n'est pas pour vous, parce que le droit est de notre côté, et quel que soit pour nous le sort de ce débat, quel que soit l'arrêt qui nous attend, votre arrêt ne prévaudra pas contre un principe national, imprescriptible, et la presse, désormais unanime, parviendra bien à faire proclamer ses droits momentanément méconnus. (Profonde sensation, agitation prolongée.)

Voulez-vous supposer maintenant que, dans la position particulière, la cour soit compétente pour juger une question de presse, et j'ai démontré le contraire; il faudrait encore, pour rattacher par la presse Dupoty au complot, il faut deux conditions essentielles : il faut qu'il y ait spécialité dans la provocation ; il faut que la provocation n'ait pas été une provocation générale ; il faut que la provocation ait été particulière, spéciale ; il faut que la provocation ait été un attentat bien déterminé ; et à l'appui de cette assertion, je vais vous citer la définition qui en a été faite par l'honorable rapporteur, M. le duc de Broglie... (Mouvement.)

« Que si, par provocation directe, on entend une provocation exprimée dans un langage significatif, intelligible, propre à émouvoir les esprits, le projet de loi n'en reconnaît point d'autres. Si, par provocation indirecte, on entend une idée subtile, rendue en termes équivoques, ambigus, détournés, et qu'on ne peut extraire que par une interprétation laborieuse, ce n'est point là une provocation : des jurés ne s'y reconnaîtront jamais.

» Mais les auteurs du projet de loi, touchés d'une juste sollicitude en cette matière, et craignant que le terme de provocation ne prît trop de latitude, ont fait usage, pour le contenir dans des limites étroites, d'un expédient infiniment plus judicieux que l'adjonction d'une épithète.

» Ils ont exigé que la provocation fût *spéciale*, c'est-à-dire que le ministère public fût tenu d'articuler, dans son réquisitoire, à quel crime ou délit, positif, précis, déterminé, le prévenu aurait voulu provoquer. »

Voulez-vous maintenant, Messieurs, une autorité non moins compétente; voici un écrivain, un publiciste distingué dont vous ne repousserez pas le témoignage.... (Marques d'attention.)

« Il est évident que la provocation doit être *spéciale*, c'est-à-dire consister dans les effets directs d'un individu, pour que d'autres exécutent un crime *déterminé et prévu par la loi pénale*. Il ne saurait y avoir participation principale au crime, sans ce caractère de spécialité; car le provocateur n'ayant pris, dans l'hypothèse, aucune part *au fait matériel*, sa culpabilité ne peut résulter que de l'autre élément du crime, *la résolution*. Or, où est cette résolution? A quoi s'applique-t-elle, s'il n'a provoqué aucun crime *déterminé* ? Une instigation générale, une provocation à mal faire, une excitation de sentimens haineux, de passions malfaisantes, sont des actes immoraux qui peuvent, dans certains cas, être utilement punis; mais le caractère de la participation à un crime déterminé manque absolument. »

Messieurs, cette citation est de M. Rossi.... (Tous les regards se portent aussitôt sur l'honorable pair, qui est assis au banc de la commission d'instruction.) Voilà ce que M. Rossi, membre de votre commission, a écrit il y a peu de temps. Dans son esprit d'analyse, il disait : Pour que le complot existe, pour que la complicité existe, il ne faut pas seulement qu'on provoque à la haine et au mépris du gouvernement, il faut que la provocation soit une spécialité saisissable; il faut qu'elle pousse à tel but et non pas à tel autre but ; il faut qu'on reconnaisse enfin qu'on a voulu faire telle chose et non pas telle autre. Tel est le caractère que M. Rossi veut avoir pour la provocation.

Maintenant, je m'arrête, et malgré tout ce qu'il peut y avoir d'agressif, de violent, dans les articles du *Journal du Peuple*, depuis que ce journal parait, je prétends qu'ils ne sont pas justiciables de la cour des pairs.

En effet, dans ces articles, voyons un peu quelle provocation spéciale nous trouverons. Y est-il dit : il faudrait agir de telle façon et non pas de telle autre ; il faudrait avoir recours à ce moyen-là et non pas à celui-ci ? Non, messieurs, non ; prenez ces articles, lisez-les l'un après l'autre avec une attention minutieuse, et vous ne parviendrez jamais à y trouver ce langage ; et vous ne parviendrez même pas à découvrir cette pensée.

Vous verrez sans doute dans ces articles une opposition vive et permanente ; mais vous n'y verrez rien de plus, vous n'y rencontrerez aucune provocation spéciale, aucune provocation franchement caractérisée, aucune provocation ayant un but déterminé, un but particulier. Qu'avez-vous donc à faire dans ces circonstances ? Si ces articles sont coupables, comme vous le dites, et je ne les défends pas, messieurs, je n'ai pas à les défendre, je ne m'en préoccupe nullement, s'ils sont coupables, renvoyez-les devant leurs juges naturels, car il ne vous appartient pas de les juger... (Sensation.) Renvoyez ces articles devant le jury qui est seul compétent... L'opinion publique n'aura rien à dire, la presse s'inclinera, car vous aurez respecté la constitution.

Je passe à un autre point, la définition du complot : M. le procureur-général, parlant des définitions données par la défense, a taxé les unes d'oratoires, les autres de poétiques et d'imaginaires. Sans vouloir critiquer les expressions dont il s'est servi, je rappellerai que si la défense n'a pas épargné les souvenirs littéraires et historiques, M. le procureur-général a employé une image, qui, sous le rapport littéraire, peut bien ne pas entrer en parallèle avec celles de Cicéron et de Corneille... et qui pour cela n'en est pas cependant plus légale. Il a dit que le complot est une mine de laquelle il suffit d'approcher une mèche pour en provoquer l'explosion... Moi je parle le langage sévère, le langage précis de la loi ; je ne fais pas d'images, je pose simplement cette question : quelles sont les règles posées par le code pour l'incrimination du complot ? Dans quel cas et à quelles conditions le législateur dit-il qu'il y a complot ; cet homme doit-il être condamné pour avoir pris part au complot ?

« Maintenant quelles sont les règles posées par le Code pour l'incriminateur du complot. Dans quels cas et à quelles conditions le législateur s'est-il décidé à déclarer la simple volonté punissable ? « Il y a complot, dit l'art. 89, dès que la *résolution* d'agir est *con-* « *certée et arrêtée* entre *deux* ou *plusieurs* personnes. » De cette définition découle plusieurs corollaires. Il faut en premier lieu qu'il y ait *résolution d'agir*, c'est-à-dire volonté positive, arrêtée, d'exécuter l'attentat : les vœux, les menaces, les projets, n'équivalent pas à une résolution. Il faut ensuite que cette résolution soit *concertée*, *arrêtée*, entre plusieurs personnes, c'est-à-dire qu'il y ait en quelque sorte une association de deux ou plusieurs personnes contre le roi ou la sûreté de l'état. La résolution isolée de commettre cet attentat, toute perverse qu'elle puisse être aux yeux de la morale, n'est rien encore aux yeux de la loi; mais le pacte d'association formé pour arriver à cet attentat, voilà l'objet des sollicitudes du législateur qu'il a voulu punir. C'est le concert des conspirateurs, c'est leur accord, c'est l'association, en un mot, qui fait le péril.

» Or il n'y a point de contrat, point d'association, si les associés diffèrent sur le but, sur la condition, sur les moyens d'exécution, sur la distribution des rôles dans la tragédie du crime ; l'unité, voilà l'essence du complot. Lorsque le but est vague et indécis, lorsque les conditions ne sont pas arrêtées, que les moyens sont incomplets, que les fonctions ne sont pas distribuées, en un mot lorsque la volonté flotte irrésolue sur l'un ou sur plusieurs des faits dont l'ensemble compose le crime, il n'y a point d'association, car il n'y a point de concert, il n'y a point d'accord entre les associés ; et tous ces préliminaires franchis, il n'y a point encore de société criminelle, car il ne suffit pas que la résolution soit prise, la loi exige qu'elle soit définitivement arrêtée.

» Ainsi quatre conditions sont nécessaires pour l'existence d'un complot : il faut qu'il y ait non point un vague projet, mais une résolution d'agir ; que cette résolution soit arrêtée ; qu'il y ait association pour l'exécution entre plusieurs personnes, afin qu'elle ait pour but les crimes énoncés aux articles 86 et 87. Voilà les règles qui sont puisées dans son texte.

» Que si on s'écartait de ces règles précises, on tomberait dans un arbitraire que le législateur a lui-même répudié. Au lieu d'une volonté arrêtée, d'une ferme résolution, les vœux confus, les vagues projets deviendraient le fondement d'une accusation ; les paroles et jusqu'à la pensée pourraient être inculpées. Tel n'est pas l'esprit de la loi ; elle a voulu protéger la société, mais sans excéder les limites de la justice et du droit. En incriminant le complot, elle a posé des garanties contre des poursuites arbitraires ou irréfléchies ; ces garanties sont dans les conditions qu'elle a mises à l'existence du crime. La simple résolution d'agir est punissable, mais seulement quand elle a été successivement précédée, concertée et arrêtée ; quand toutes les volontés se sont confondues en une volonté unique et commune ; quand toute délibération ultérieure est devenue inutile, et qu'il ne s'agit plus que de passer aux actes d'exécution. Si donc, à la place de cet accord, de ce consentement unanime, on voit surgir au sein des prévenus, des luttes, des résistances, des démarches isolées, des vues contradictoires, on peut apercevoir de l'inquiétude, de la malveillance, des desseins dangereux, mais il est impossible de reconnaître une association, un complot.

« Les caractères du crime ainsi définis, on doit en examiner les différentes espèces. Nous avons vu que le complot formait deux crimes distincts ; Le premier existe par le seul fait de la proposition d'agir, agréée par deux ou plusieurs personnes, concertées et arrêtées entre elles. Il est évident que c'est principalement à ce premier crime que se rapportent nos précédentes observations. Les juges sont sujets à l'erreur quand ils sont appelés à punir une résolution qui a pu ne laisser aucune trace de son existence ; c'est donc un motif d'appliquer avec rigueur à cette espèce chacune des conditions que la loi a imposée à la constitution du crime. S'il n'est pas démontré que la résolution a été cercertée et arrêtée, l'acquittement est pour l'Etat un péril léger ; la condamnation serait un péril immense pour la justice. »

Voilà ce que disait M. Fostin Elie, criminaliste distingué.

Eh! bien, maintenant que voici le principe posé, parfaitement posé, je viendrai vous demander où est le concert? Dans la société secrète?.... Avez-vous démontré que Dupoty en ait jamais fait partie? le concert sur la résolution d'agir...... où est-il encore? où le trouvez-vous? nulle part. Voilà pour ce qui regarde l'existence du complot à l'égard de Dupoty.

Dans les articles que vous avez signalés, que trouve-t-on autre chose qu'un délit de presse; voyons, je vous le demande? Nous répondre vous était impossible; aussi ne l'avez-vous pas fait. Je vous ai démontré clairement, la loi à la main, je vous ai démontré que vous ne pouviez nous reprocher autre chose qu'un délit de presse, et que vous ne pouviez nous poursuivre devant la cour des pairs... Renvoyez-nous devant le jury, nous n'aurons rien à dire... mais ne venez pas soutenir qu'il s'agit ici de juger une question de complot quant à Dupoty... Tant que la définition restera dans la loi, il ne peut pas y avoir de complot entre les accusés qui sont ici et Dupoty.

Vous le voyez, vous ne pouvez nous enserrer dans un complot avec les articles du *Journal du Peuple*; et dès qu'il n'y a plus de complot, vous n'avez plus ici aucun droit sur nous; en vain chercherez-vous à nous ressaisir par tous les moyens, nous vous repousserons toujours victorieusement; il n'y a ici qu'un délit de presse, et lorsque vous voulez porter la main sur nous, nous nous enfermons dans le cercle de la légalité qu'il vous est interdit de franchir; nous parons vos attaques avec la loi de 1819, qui veut que la pensée humaine ne soit pas assujettie aux règles du Code pénal, avec la loi de 1830 qui attribue les délits de la presse au jury; avec la loi de 1835 qui dit que la cour des pairs ne pourra connaître des délits de presse que lorsqu'il y aura attentat à la sureté de l'état par la presse, et que cette cour l'aura déclaré formellement, expressément, dans son arrêt... Dans la cause, dans l'espèce, ne faites pas juger à la cour une question de presse, car vous lui feriez violer la constitution... (Profonde sensation.) Mais la cour rejettera votre demande; la cour a trop de respect pour la constitution; elle ne voudra pas y porter atteinte... (Agitation.)

Je passe à la deuxième partie du procès qui est intenté à Dupoty.

Le ministère public a dit: Je poursuis Dupoty aux termes de l'article 60 du code pénal; soit! rentrez dans le droit commun, je vous y suivrai. La presse doit être maintenant mise hors de cause. Voyons, comme fait direct, comme lien matériel, ce que vous reprochez à Dupoty : la lettre de Launois, des toasts, un banquet, un article avant l'attentat et un article après l'attentat qui tendait, selon vous, à donner le change à l'opinion publique.

La lettre de Launois, voilà la première pièce qui se présente à nous; c'est le lien réel; c'est par là que se rattache Dupoty à Launois, s'écrie-t-on. Voyons un peu cette lettre si grave, sans laquelle Dupoty ne serait pas accusé aujourd'hui, car il y a cela de remarquable que pendant huit années on a gardé sur son journal le silence le plus complet ; que pendant huit années que Dupoty a passées au *Journal du Peuple*, il n'a pas été poursuivi une seule fois ; or, Dupoty n'est pas un homme à se mettre à l'abri derrière un nom de gérant... C'est lui qui signe le journal, Messieurs ; c'est lui qui l'a toujours signé en qualité de gérant responsable... S'il y avait eu une poursuite à exercer contre le *Journal du Peuple*, c'eût été Dupoty qu'on eût poursuivi... Eh bien, non, pendant huit ans on ne s'est pas occupé de lui une seule fois, on n'a pas incriminé un seul des articles qui ont été publiés ; et aujourd'hui on reprend tous ces articles un à un ; on en relève tous les mots ; on en scrute toutes les pensées... Est-ce donc, messieurs, qu'on aurait voulu laisser cet homme exprimer goutte à goutte tout ce qu'il avait d'amertume, tout ce qu'il avait de fiel dans le cœur, afin de pouvoir à un jour donné, lui reprocher ses pensées, ses opinions, les entasser les unes sur les autres et en faire un amas monstrueux sous lequel on espère pouvoir l'écraser... Si telle a été le calcul de ses adversaires, si telle a été leur politique, je vous demanderai si c'est là de la loyauté?... Prononcez ! (Longue agitation).

Je rappellerai à ce sujet au souvenir de la cour un magistrat qu'elle regrette; le chef du parquet que ses services sans doute viennent d'appeler à un autre poste, était un homme vigilant; un homme qui surveillait attentivement la presse, et qui savait en réprimer à propos les écarts; et bien, si ce magistrat avait jugé que les articles qu'on incrimine aujourd'hui; s'il avait jugé que ces articles fussent criminels, il ne les aurait pas laissés impunis, soyez-en persuadés, Messieurs... (Léger mouvement d'adhésion.)

Je reviens à la lettre, à la lettre de Launois sans laquelle nous ne serions pas aujourd'hui sur ces bancs ; eh! bien, cette lettre, le ministère public a passé sur elle avec une grande rapidité pour ne pas dire autrement.

Il a dit, il a répété ; il y a là un lien réel ; il y a là un lien matériel ; mais il ne l'a pas prouvé parce qu'il ne le pouvait pas. Il vous a dit : prenez bien garde ; voyez les termes de cette lettre, pesez-les mûrement ; ils sont de la plus haute importance ; Launois dit à Dupoty, prenez ma défense... ce gueux de Papart nous a tous découverts... il prétend qu'il a été reçu dans ma chambre... je ne me le rappelle pas... Voyez de quelle gravité sont ces confidences, s'écrie M. le procureur général: un homme à qui l'on écrit... ce gueux de Papart nous à tous découverts...

Il prétend qu'il a été reçu dans ma chambre... Un homme à qui l'on écrit cela doit nécessairement être votre ami ; il doit nécessairement savoir que vous faisiez chez vous des réceptions dans la société des travailleurs égalitaires...

Mais, messieurs, ici je répondrai à M. le procureur-général, par M. le procureur-général lui-même. En effet, pour prendre la défense de quelqu'un, il faut bien savoir de quoi il s'agit ; il est indispensable de connaître les charges qui pèsent sur lui... Si je m'adresse à une personne, et que je lui dise : Prenez ma défense... Certainement, je lui dirais aussi... on m'accuse de ceci ; on a fait contre moi telle dénonciation... Donc Launois, lorsqu'il écrivait à Dupoty : Prenez ma défense ; Launois ne pouvait pas faire autrement que d'ajouter... Il prétend qu'il a été reçu dans ma chambre... parce que s'était là ce qui le compromettait, ce qu'on lui reprochait, ce dont on l'accusait, en un mot.

Le ministère public ajoute, encore : cette lettre est la preuve palpable des liaisons qui existaient entre Dupoty et Launois ; je réponds ceci : que Dupoty est connu ou n'est pas connu de Launois ; s'il est connu de ce dernier, s'il a, comme vous le prétendez, des rapports intimes avec lui, il doit bien savoir lorsqu'on l'arrête, il doit bien savoir ce qu'on peut lui reprocher ; alors à quoi bon ces mots : il prétend qu'il a été reçu dans ma chambre... Si au contraire Dupoty est inconnu à Launois, il est de toute nécessité que cet homme, en le priant de le défendre, lui fasse connaître les charges qui pèsent contre lui... Ainsi donc cette lettre qui est représentée par M. le procureur général comme le lien matériel entre Dupoty et Launois est au contraire la preuve qu'ils ne se connaissent nullement, qu'il n'existait aucun rapport entre ces deux hommes.

Mais maintenant, est-ce qu'il n'y aurait pas, dans les expressions de cette lettre, quelque chose qui vous aurait profondément frappé comme moi ?... On lit en tête de cette lettre : « Ce gueux de Papart nous a tous vendus ! » Et M. le procureur-général de s'écrier : Voyez ! n'est-ce pas le langage qu'un coupable tient à son complice, n'est-ce pas là un avertissement qui est donné à un homme faisant partie du complot ?... Eh bien ! soit ! mais Launois a écrit précisément la même chose à son frère et à sa sœur ; ils étaient donc aussi du complot, ces deux individus ?...

Pourquoi ne sont-ils pas aujourd'hui devant la cour des pairs, au milieu des accusés?... Pourquoi, messieurs? la réponse est bien simple :... parce que, pour Dupoty comme pour eux, la confidence de Launois n'a aucun caractère compromettant, parce qu'elle ne signifie rien, s'il faut le dire.

Encore quelques mots sur cette déplorable lettre, encore une preuve qu'elle ne contient aucune trace de complicité; au contraire : Launois écrit à Dupoty : « Ce gueux de Papart nous a tous vendus.... » Puisqu'il en est ainsi, Launois doit penser que Dupoty, qui est du complot, est arrêté, qu'il est au secret comme lui... et alors à quoi bon lui adresser cette lettre .. S'il était arrêté, elle ne pourrait lui parvenir....

Mais, d'ailleurs, messieurs, si Launois avait écrit à Dupoty comme à un complice, il ne lui aurait pas dit: défendez-moi; car il eût pensé que cela ne lui était pas possible; il ne lui aurait pas dit, défendez-moi... il prétend qu'il a été reçu dans ma chambre... car Dupoty eût connu cette circonstance; car il eût soupçonné qu'il exposait gravement Dupoty... (Sensation.) La lettre de Launois expliquée, messieurs, ce n'est pas par elle que vous pouvez condamner Dupoty.

J'ajouterai encore un mot : vous vous rappelez le procès d'Hubert; dans ce procès, il y a eu une lettre adressée par Hubert au sieur Leproux... Dans cette lettre Hubert disait : « *Brave ami*, toutes les machines sont achetées... nous sommes prêts... nous allons agir..... » Certes, le caractère de cette lettre, au point de vue de M. le procureur-général, était bien compromettant, le sieur Leproux avait des antécédens qui n'étaient pas de nature à bien disposer ses juges pour lui; qu'est-il arrivé cependant?

Le sieur Leproux a été défendu par une voix éloquente, par un avocat plein de chaleur et de talent, Me Teste, qui a démontré victorieusement qu'une lettre adressée à un homme qui ne l'avait pas reçue ne pouvait être un lien dans un complot,... et le sieur Leproux a été acquitté!... (Profonde sensation.)

Maintenant, le ministère public ajoute que l'article du 16, qui aurait pour but, selon lui, de donner le change sur l'attentat, est une preuve palpable de la complicité dans le complot.

Que contient cet article? D'abord, cet article, vous le savez, ne provoque à aucun fait, ne pousse à aucune manifestation; il dit purement et simplement ceci : que l'attentat est un attentat isolé; il dit ce que le *National* a répété; il dit ce que le *Siècle* a publié, non pas d'après le *Journal du Peuple*, mais sur la version de plusieurs négociens honorables; ce dernier journal le déclare lui-même dans le récit qu'il fait de la tentative criminelle du 13 septembre.

Qu'a donc fait le *Journal du Peuple*? Est-ce autre chose que ce qu'a fait le *National*, que ce qu'a fait le *Siècle*, journal dynastique? Mais, mon Dieu, non; et ce n'est pas moi qui le dis; ce sont les faits; il suffit de lire pour s'en convaincre; il est superflu de discuter sur ce point.

Mais il y a du reste quelque chose de mieux dans tout ceci, messieurs, c'est que le *Journal du Peuple* n'a pas exagéré son article, comme il arrive quelquefois aux journaux de le faire; loin de là, il s'est appuyé, pour faire son récit, sur des témoignages certains que vous avez entendus ici; de nombreux témoins, des gens estimables sont venus vous dire qu'ils étaient allés au bureau du *Journal du Peuple*, au bureau du *National*, et que là ils avaient déclaré que Papart, en plusieurs circonstances, avait annoncé qu'il se vengerait d'un capitaine qui l'avait fait punir sévèrement.

Le ministère public a dit : Il y a une variante ; le témoin a déposé qu'il avait parlé d'un lieutenant-colonel, et vous avez ajouté un nom ; celui de M. Levaillant.

Eh bien ! oui, cela peut être, cela est, je vous l'accorde; que pouvez-vous induire de là? Après tout, qu'a fait le *Journal du Peuple* dans cette circonstance? Il n'a fait que ce que fait la présse anglaise chaque fois qu'un attentat de ce genre est commis ; elle le représente toujours comme un fait isolé ; et, immédiatement après l'instruction, on déclare que l'attentat est le fruit de la démence, on laisse le coupable dans l'obscurité, et l'on ne lui dresse pas comme en France des tréteaux qui peuvent en tenter d'autres... (Mouvement en sens divers.)

Mais quoi ! ne vous a-t-on pas parlé du comité réformiste! ne vous a-t-on pas dit : Le lien matériel est trouvé, il existe; vous pouvez le toucher du doigt. Est-ce que Dupoty n'a pas été membre du comité central? Est-ce que Launois n'a pas été chef de quartier dans les comités réformistes? Est-ce que ces deux hommes n'ont pas dû se connaître , être en rapport ? D'abord ce n'est là qu'une supposition; il faut apporter des preuves ; et vous n'en fournissez aucune..... aucune, entendez-vous bien!

Vous avez démontré que Dupoty connaissait Dourille; quant à Dourille et à Launois, vous n'avez pas prouvé qu'ils se fussent jamais connu. Eh bien ! comment pouvez-vous être admis à dire que Dupoty était lié avec Launois parce que Dupoty connaissait Dourille.

Quant aux comités réformistes, il y a quelque chose de mieux ; je vous ai cité des noms honorables, je vous ai parlé d'hommes éminens qui attestaient que le comité central ne correspondait que par lettres, qui attestaient que Dupoty était secrétaire de ce comité, et qu'il ne devait jamais avoir, qu'il n'a jamais eu aucun rapport avec les comités d'arrondissement, avec les chefs de quartier; je vous ai encore cité une lettre dans laquelle il était écrit, que quant au comité central, il ne lui était permis que de correspondre par pétitions seulement.

Pourquoi n'aviez-vous pas dit, M. le procureur-général, qu'on avait cherché à prouver que Dourille était en rapport avec ce comité central, et qu'on y avait renoncé parce qu'on avait acquis la certitude du contraire.

Mais d'ailleurs, je vous ai rappelé l'arrêt de la cour royale qui a été rendu contre certains comités prétendus réformistes; cet arrêt condamnait, poursuivait ces comités, comme des foyers d'insurrections; mais, cet arrêt, ne s'est pas attaqué au comité central, mais il a respecté le comité central, auquel était attaché Dupoty;... pourquoi? parce que la cour royale a su apprécier son organisation et son but, parce que la cour royale savait qu'il ne se livrait à aucune manœuvre dangereuse, répréhensible; parce qu'elle savait qu'il ne s'occupait que de la réforme, ce qui était un droit constitutionnel, et qu'il la voulait par des moyens légaux.

L'arrêt de la cour royale a parfaitement démontré que le comité central n'avait rien que de national, que c'était une association toute patriotique, ne cherchant le progrès, ne poursuivant son but, la réforme, que par des voies légales; ainsi, vous le voyez, à moins de condamner l'arrêt de la cour royale, qui n'a été rendu qu'après de mûres et longues délibérations, vous en êtes réduits à une simple conjecture, et voici votre raisonnement:

Dupoty était membre du comité central, Launois était chef de quartier des comités réformistes, donc Dupoty a dû être en rapport avec Launois, donc il a dû avoir des relations avec lui. Dupoty a connu Dourille qui a eu des rapports avec Launois; donc Dupoty a connu Launois... En vérité, c'est marcher à grands pas dans le champ des suppositions, et, avec une pareille manière d'argumenter, rien n'est plus impossible.

Mais je répondrai que si Dourille a été lié avec Dupoty, il n'a pas été prouvé que Dourille eût eu le moindre rapport avec Launois.

Mais je répondrai que si Dupoty a été membre du comité central et Launois chef de quartier des comités réformistes, on ne peut conclure de là qu'ils ont dû se voir en cette qualité; en effet, le secrétaire du comité central ne devait correspondre que par lettres avec les comités réformistes.

Mais je répondrai qu'il est établi, qu'il est démontré de

la manière la plus certaine que le comité central ne voulait avoir aucun rapport avec les comités réformistes; qu'il n'était institué que pour recevoir les pétitions et les dépouiller; mais je répondrai encore une fois que le comité central ne pouvait correspondre que par lettres avec tous les autres comités.

D'ailleurs, l'arrêt de la cour royale est là; vous le connaissez, cet arrêt: Eh! bien, qu'a-t-il fait? Il a frappé les comités réformistes qu'il considérait comme des comités insurrectionnels, et il n'a pas frappé le comité central, parce que toutes ses opérations lui ont paru parfaitement légales.

Mais un mot encore ici: par quels moyens avez-vous rattaché Dupoty au complot; quels sont ceux dont nous venons de parler? des faits généraux et pas autre chose. Vous nous avez reproché d'avoir parlé de ces faits avec rigueur, d'avoir jugé sévèrement l'homme qui les avait inventés.

Vous avez fait appel aux Molé et aux Duranty; oui, certainement, ces magistrats avaient de la fermeté et du courage, mais ils avaient aussi de la grandeur et de l'équité.

Vous me reprochez d'avoir parlé de Jeffries; je pourrais me rétracter, si le mot n'était pas de M. Guizot, et si, le jour même de ma plaidoirie, la même appréciation n'avait pas été faite sur l'interrogatoire de Dupoty par un journal anglais, le *Sun*, dans la patrie même de cet odieux Jeffries. (Sensation.)

J'arrive à une dernière explication, messieurs, j'aborde le dernier point du débat; c'est l'article qui a été publié la veille même de l'attentat. Je l'ai réservé pour le dernier; je sais quelle espèce d'argument on a voulu jeter dans vos esprits à cet égard.

Que contient-il cet article? Une polémique entre les journaux dynastiques et les journaux radicaux; ainsi voici ce que l'on disait: aux obsèques de l'empereur, les gardes nationaux ont fait une manifestation; ils ont crié: à bas Guizot! à bas le ministère de l'étranger!... On avait écrit dans un journal dynastique qu'il fallait faire une protation en faveur du 17e léger et en faveur du duc d'Aumale... protestation dont le ministère de l'étranger aurait recueilli tous les fruits! il voulait rajeunir sa décrépitude aux dépens de la gloire de nos jeunes soldats.

Eh! bien, les journaux radicaux disaient: cette manifestation serait toute au profit du ministère de l'étranger; au lieu de suivre ce conseil, renouvelez les protestations que vous avez fait entendre aux obsèques de l'empereur; gardes nationaux, criez encore: *à bas Guizot! à bas le ministère de l'étranger!*

Eh ! bien, voilà ce crime qu'on reproche au *Journal du Peuple*, qu'on attribue à Dupoty ! Voilà la provocation. Prenez bien garde, nous dit-on, oh ! prenez bien garde, voyez quel rapprochement, vous dites aux gardes nationaux : criez *à bas Guizot ! à bas le ministère de l'étranger* ! Les complices de l'attentat, eux aussi, ont proféré des cris séditieux.

Les hommes dont vous nous accusez d'être les complices, ces hommes ont crié : *Vive le 17e ! à bas le duc d'Aumale* !.... Quel rapprochement y a-t-il à faire entre ces cris et ceux que nous conseillions ?... Quel rapport y a-t-il entre cette manifestation et celle que nous désirions ?... L'une est une question dynastique.... l'autre est une question de ministère.... (Sensation.)

Quel rapprochement peut-il exister entre la pensée qui a dicté la manifestation qui a eu lieu aux obsèques de l'empereur, pensée qu'on a voulu trouver dans l'article du 12, et celle qui a dicté la protestation des accusés? Aucun. Quant le cortége funèbre de Napoléon est entré dans Paris, en présence de toute cette vieille gloire, on se sentait rajeunir, on pensait à nos anciens triomphes ; on pensait à cette question d'Orient si palpitante et si triste pour nous ; on s'indignait de la mollesse du ministère ; on se rappelait ses antécédens et on s'écriait : A bas Guizot ! à bas le ministère de l'étranger !

Ces cris étaient proférés par de braves patriotes dont l'imagination s'était exaltée au souvenir de nos belles victoires ; eh bien ! de toutes ces circonstances, les journaux radicaux ont conservé la mémoire ; et quand le ministère a voulu réparer l'échec qu'il avait éprouvé ; quand il a fait conseiller d'aller au devant du 17e et de faire une démonstration en faveur de son colonel, démonstration dans laquelle il espérait puiser une nouvelle force, une nouvelle vie, les journaux radicaux se sont écrié : Non ! non ! ne lui accordez pas un triomphe qu'il ne mérite pas ; flétrissez-le ici comme vous l'avez flétri là bas ; criez encore aujourd'hui : à bas Guizot ! à bas le ministère de l'étranger ! vous trouverez de l'écho ; car les patriotes sont nombreux.

Eh bien, je le répète, c'était là une question de polémique, une question nationale ! Quel rapport y a-t-il donc, messieurs, entre l'arc de triomphe sous lequel s'arrêtaient un instant les dépouilles glorieuses de Napoléon et le cabaret de Colombier ? (Mouvement.) Encore une fois, messieurs, les journaux n'ont débattu à cette époque qu'une question de politique, et non une question de renversement d'état.

Je me résume et je dis à la cour :

Les articles de journaux.... si vous les jugez criminels,

renvoyez-les devant la juridiction normale de la presse, le jury, et vous aurez bien mérité du pays; vous ne pourriez en retenir la connaissance sans violer la constitution, car vous n'avez pas déclaré dans votre arrêt que vous vouliez poursuivre un attentat commis par la voie de la presse, comme le veut la loi de 1835. Voilà pour les articles de journaux.

Pour la prétendue participation matérielle, où sont vos preuves?... où sont-elles? nulle part. La lettre de Launois, dites-vous? Qui oserait dire, encore une fois, que cette lettre est le lien matériel?... Oh! messieurs, je réponds avec assurance, il n'est pas un de vous qui, après avoir entendu la défense; il n'est pas un de vous qui, la main sur la conscience, dans la salle de vos délibérations, oserait affirmer que cette lettre peut constater chez Dupoty une complicité de complot. Mais l'article de la veille, ajoute-t-on, mais l'article du lendemain enserrent Dupoty dans le procès. Ces articles, messieurs, je vous les ai expliqués; l'un est un récit exact de la version de plusieurs hommes honorables, l'autre n'est que de la polémique.

Que reste-t-il également du fait matériel? rien, absolument rien. Il n'y a donc, il ne peut donc y avoir ici qu'une question de presse.

Un dernier mot, messieurs, je me suis adressé déjà à votre sagesse, à votre prudence; je vous ai dit qu'en voulant conserver par la violence on pousse un gouvernement vers sa perte.

Le ferez-vous? Abrogerez-vous par un arrêt la loi de 1830. Messieurs, avant de vous décider, permettez-moi, en terminant, de rappeler à vos esprits quelques graves paroles.

Un publiciste distingué a dit: la presse libre n'a jamais tué un état, mais tout état qui a voulu y porter la main a fini par succomber sous ses coups; l'honorable M. Rossi a dit encore: la presse peut avoir ses écarts, mais ne cherchez point à éteindre quelques unes de ces vives étincelles, car vous verriez s'allumer plus tard un immense incendie.

Enfin, messieurs, en cette circonstance, en frappant arbitrairement la presse, vous feriez supposer que le gouvernement a peur, et qu'il repose sur une pente bien fragile, car Cromwell disait un jour en rendant à Arrington son manuscrit, son journal: « Reprenez ceci, vous le pouvez impunément... Mon gouvernement est assez fort pour qu'une feuille de papier ne puisse le renverser!..... » (Longue agitation.)

IMPRIMERIE DE LANGE LÉVY ET COMP., rue du Croissant, 16

www.ingramcontent.com/pod-product-compliance
Lightning Source LLC
LaVergne TN
LVHW010312230826
846091LV00007B/3125

* 9 7 8 2 0 1 3 5 9 3 6 0 1 *